Mosaik bei
GOLDMANN

Buch

Kinder lachen 400 Mal am Tag, Erwachsene nur noch 15 Mal. Dabei ist Lachen für Körper und Psyche die beste Medizin. Herzliches Lachen stärkt das Immunsystem, steigert die Ausschüttung von Glückshormonen, fördert die Durchblutung, senkt Blutdruck und Cholesterinspiegel, baut Stress ab, löst Ängste und Depressionen und hat noch viele weitere positive Effekte. Barbara Rütting, die Frau mit dem ansteckenden Lachen, zeigt, wie Sie das Lachen wieder zurückerobern können mit Lachübungen, Lachtipps für den Alltag, Witzen, lustigen Geschichten und allem Wissenswerten rund um das Thema Lachen.

Autorin

Barbara Rütting, erfolgreiche Schauspielerin, Bestsellerautorin und Gesundheitsberaterin, gibt ihre Erkenntnisse in Sachen Gesundheit seit Jahrzehnten in Büchern und Vorträgen an unzählige Menschen weiter. Sie engagiert sich darüber hinaus auch als Politikerin aktiv im Umwelt- und Tierschutz. Die Autorin lebt in der Nähe von Rosenheim.

Von Barbara Rütting außerdem bei Mosaik bei Goldmann
Bleiben wir schön gesund (16851)
Essen wir uns gesund (16634)
Mein Kochbuch (10838)
Mein neues Kochbuch (13760)

Barbara Rütting

Lach dich gesund

Ratschläge,
Tipps und Tricks

Mosaik bei
GOLDMANN

Bildnachweis:
Corbis (Brand X): S. 91; Creativ Collection (ccvision): S. 55, 80,
108; Getty Images (Digitalvision): S. 60; Photo Disc: S. 12, 22, 25,
50, 62, 86, 89, 98; Stock Disc: S. 33; Ralf Succo: S. 10, 15, 37,
39, 43, 72, 106, 110.

FSC

Mix
Produktgruppe aus vorbildlich
bewirtschafteten Wäldern und
anderen kontrollierten Herkünften

Zert.-Nr. SGS-COC-1940
www.fsc.org
© 1996 Forest Stewardship Council

Verlagsgruppe Random House FSC-DEU-0100
Das für dieses Buch verwendete FSC-zertifizierte Papier
Munken Print liefert Arctic Paper Munkedals AB, Schweden.

1. Auflage
Vollständige Taschenbuchausgabe Mai 2008
Wilhelm Goldmann Verlag, München,
in der Verlagsgruppe Random House GmbH
© 2006 Nymphenburger in der
F.A. Herbig Verlagsbuchhandlung GmbH, München
Umschlaggestaltung: Design Team München
Satz: Buch-Werkstatt GmbH, Bad Aibling
Druck und Bindung: GGP Media GmbH, Pößneck
LH · Herstellung: IH
Printed in Germany
ISBN 978-3-442-16937-5

www.mosaik-goldmann.de

Ein Mönch fragt den anderen:
»Warum bist du so glücklich?«
»Jeden Morgen habe ich die Wahl,
glücklich oder unglücklich zu sein«,
antwortet dieser.
»Ich entscheide mich immer,
glücklich zu sein.«

Inhalt

Wie ich mich durchs Leben lache 9

Lachen ist die beste Medizin 21

Humor in der Therapie –
Fragen und Antworten 31

Lachen und weinen – zwei Seiten ein
und derselben Medaille 49

Anleitung zum Lachen –
vom Zen-Mönch Bodhidharma und
dem Mystiker Osho 59

Was tun, wenn einem das Lachen
vergangen ist? 71

Mystic Rose – die Drei-Wochen-
Meditation 79

Lachtipps für den Alltag 97

Noch ein paar Tricks 105

Adressen, Organisationen und
Literatur 117

Register 121

Wie ich mich durchs Leben lache

Lachen
trotz
eines
schwie-
rigen
Lebens

Offensichtlich bin ich mit einem besonders ansteckenden Lachen gesegnet. Beim Einkaufen zum Beispiel höre ich oft: »Ich habe Sie gleich an Ihrem Lachen erkannt.« Das ansteckende Lachen scheint mir trotz eines schwierigen Lebens, in dem es oft nichts zu lachen gab, nicht vergangen zu sein. Ich lache viel, und ich weine auch viel. Lachen und weinen sind zwei Seiten ein und derselben Medaille. Ich bin eine Lachwurzn. Dieses urbayerische Wort ist inzwischen

Allgemeingut geworden und gerade aus der Theatersprache nicht mehr wegzudenken. Bei mir haben Sie es also mit einer preußischen Lachwurzn zu tun.

Meine Mutter war eine Lachwurzn, meine Großmutter, meine Tanten – alle Frauen meiner Familie waren Lachwurzn, die Männer hingegen eher schweigsame Typen. Alle diese Frauen hatten witzigerweise im Alter von dreißig Jahren graue Haare und alle lachten sie Tränen – nicht wegen der grauen Haare, sondern über alles und jedes, über jedes Kinkerlitzchen. Ich bleibe der Tradition treu.

Oft stelle ich jedoch fest, dass ich über ganz andere Dinge lache als die meisten Menschen – und wiederum nicht über das, was diese

Ich bleibe der Lachtradition treu

Jeder
lacht über
andere
Dinge

amüsiert. Jeder lacht über andere Dinge. Das veranlasste mich zu
hinterfragen, warum der Mensch
überhaupt lacht. Doch auch Tiere
lachen, meine Hunde, meine Pfer-
de habe ich lachen sehen.

Vielleicht lacht ja auch das Kro-
kodil.

In diesem Büchlein möchte ich Ihnen meine Erfahrungen mit dem Lachen zum Besten geben. Es ist die Kompaktversion meines 2001 erschienenen Buchs »Lachen wir uns gesund«, die ich um praktische Ratschläge ergänzt habe.

Ich will Sie animieren mitzulachen. Am meisten in die Tiefe geht das Lachen ohne Grund. Allerdings haben viele Menschen damit ein Problem. Der Verstand sagt: »Über einen Witz kann ich lachen. Doch einfach so lachen, ohne Grund: Wie soll das denn gehen? Und für was soll das gut sein?«

Am meisten in die Tiefe geht das Lachen ohne Grund

Das Lachen als Lebensbewältigungshilfe hat eine uralte Tradition, erlebt heute jedoch eine Renaissance. Nachdem der indische Arzt Dr. Madan Kataria in den Straßen

Bombays ganze Menschenmassen zum Lachen brachte, haben sich weltweit mehr als 300 000 Menschen in Lachclubs zusammengeschlossen. Die Lachwelle schwappte von Indien nach Amerika über. Lachtherapeuten und »Clown-Doktoren« arbeiten äußerst erfolgreich nicht nur in Kinderkliniken, auch Erwachsene lernen in Seminaren durch Lachen und Rollenspiele, ihre inneren Heilungskräfte zu mobilisieren. Neuerdings treffen sich Humorforscher sogar jährlich zu Lachkongressen und tauschen ihre Erfahrungen darüber aus, wie man am besten lacht. Denn dass Lachen die beste Medizin ist, diese alte Volksweisheit gilt auch heute noch, auch wenn sie viel zu wenig beherzigt wird.

In Lachclubs fällt das Lachen leichter

Ende der Siebzigerjahre erreg-
te die Krankheitsgeschichte eines
amerikanischen Journalisten Auf-
sehen. Dieser litt an Morbus Bech-
terev, einer schweren Knochen-
und Gelenkserkrankung. Die Ärzte
machten ihm wenig Hoffnung auf
Genesung. Aber der junge Mann
hatte bemerkt, dass sich seine
Schmerzen nach einem kräftigen
Lachanfall jeweils besserten. Er
machte sich nach dieser Erfahrung
seine eigene Therapie zurecht, die
aus dem Anschauen von Slapstick-
komödien, Comics und Witzen be-
stand. Er hat sich zwar nicht, wie
oft berichtet wird, gesund gelacht,
aber seine Schmerzen auf ein er-
trägliches Maß reduzieren können.
Auch und gerade wenn uns überhaupt nicht zum Lachen zumute

ist – warum nicht einfach einmal ausprobieren?

Lachen aktiviert mehr als achtzig Muskeln, eine Miesepetermiene dagegen weniger als zehn!

Lachen ist wirksam, billig und garantiert ohne schädliche Nebenwirkungen. Sie brauchen nicht einmal Ihren Arzt oder Apotheker zu fragen. Schwimmen Sie mit auf der weltweiten Lachwelle. Lassen Sie sich entspannt auf ihr treiben. Lachen Sie sich gesund.

Nach einem Lachanfall bessern sich die Schmerzen

Der Chef einer Holzhandlung will die Schlagfertigkeit des neuen Lehrlings prüfen. Er ruft von außerhalb in seiner Firma an, der Lehrling meldet sich am Telefon:

Der Chef: »Haben Sie Astlöcher?«

Der Lehrling nach einer winzigen Pause: »Selbstverständlich führen wir auch Astlöcher!«

Der Chef: »Sie führen Astlöcher?!«

Der Lehrling: »Aber sicher, Astlöcher sind der Schlager der Saison. Wir sind total ausverkauft, hatten gerade einen Versand von 100 000 Astlöchern nach Amerika für eine Spielzeugfabrik.«

Der Chef: »100 000 Astlöcher nach Amerika?
Was machen die denn mit 100 000 Astlöchern?«

Der Lehrling: »Arschlöcher für Schaukelpferde.«

Lachen ist die beste Medizin

Erst in den Sechzigerjahren begann der Neurologe William Fry von der Stanford University die Wirkungen des Lachens wissenschaftlich zu erforschen. Er gilt als Begründer der Gelotologie, der Wissenschaft vom Lachen (abgeleitet vom griechischen »gelos«, das »lachen« bedeutet). Inzwischen gibt es so viele Arbeiten zum Thema, dass sie ganze Bände füllen würden. Ich will mich deshalb hier auf die meiner Meinung nach wichtigsten Informationen beschränken und über meine

Es gibt auch eine Wissenschaft vom Lachen

persönlichen Erfahrungen mit dem Lachen berichten.

Schauen wir uns die Gründe an, warum wir (viel) lachen sollten:

Es wurde nachgewiesen, dass Lachen:

- ☺ die Ausschüttung von Glücks-hormonen steigert;
- ☺ das Immunsystem stärkt;
- ☺ die Atmung verbessert;
- ☺ die Durchblutung fördert;
- ☺ Herz und Kreislauf in Schwung bringt;
- ☺ Blutdruck und Cholesterin-spiegel senkt;
- ☺ die Verdauung anregt;
- ☺ die Selbstheilungskräfte stärkt;
- ☺ Schmerzen lindert;
- ☺ Ängste und Depressionen löst;
- ☺ Stress abbaut.

Lachen hat viele positive Effekte

Lachen fördert den guten Stress

Dass es »guten« und »schlechten« Stress gibt, ist bekannt. Forscher am medizinischen Zentrum der Loma Universität in Kalifornien haben in Experimenten mit Versuchspersonen herausgefunden, dass Lachen – wen wundert's – den »guten« Stress fördert, dass Lachen ähnliche Prozesse auslöst wie Sport.

Im Mittelalter vermutete man den Sitz des Gelächters in der Milz, die im Englischen übrigens »spleen« heißt.

Stellen Sie sich das mal vor: Kinder lachen ungefähr vierhundert Mal am Tag, Erwachsene nur noch ca. fünfzehn Mal und Depressive so gut wie nie. Beim Erwachsenwerden ist offensichtlich vielen von uns das Lachen vergangen, Das ist ja auch kein Wunder, aber

kein Grund, es nicht wieder zu lernen.

Die Engländer haben ein sehr
schönes Sprichwort: »Es ist nie zu
spät, eine glückliche Kindheit zu
haben.« (It's never too late to have
a happy childhood.)

Lachen
kann man
wieder
lernen

Sogar die Wissenschaft hat jetzt
also entdeckt, was der Volksmund

schon seit je weiß: Lachen ist gesund! Lachen ist die beste Medizin!
Wer lacht, lebt länger!

Probieren Sie's doch mal aus:
einfach die Mundwinkel nach oben
ziehen, vielleicht riskieren Sie auch
ein paar Töne, ein paar Hahaha's,
Hihihi's und schon geht's los. Dem
Gehirn wird die Botschaft vermit-
telt, dieser Mensch ist fröhlich, nun
schütte mal Glückshormone aus.
Und das tut das Gehirn dann tatsächlich.

Lachen stärkt die Lebensgeister

Lachen steigert die Produktion »guter« Hormone wie glücklich ma-
chender Endorphine und Neurotransmitter, verringert die Stresshormone Cortison und Adrenalin,
erhöht die Anzahl der Antikörper
produzierenden Zellen, aktiviert

die Viren bekämpfenden T-Zellen und unsere natürlichen Killer-Zellen. Vor allem stärkt es die Lebensgeister, macht gute Laune, vertreibt Ängste und Depressionen. Wer viel lacht, kommt mit dem Leben einfach besser zurecht.

»Mäh!«, sagt das Schaf zum Rasenmäher.

»Von dir lasse ich mir noch lange nichts befehlen!«,sagt der Rasenmäher.

Der Gast: »In meiner Suppe schwimmt eine Fliege!«

Der Ober: »Nicht mehr lange. Am Tellerrand nähert sich eine Spinne!«

Humor in der Therapie – Fragen und Antworten

Dr. Michael Titze ist Psychotherapeut, Psychoanalytiker, Seminarleiter und Kongressorganisator im Bereich therapeutischer Humor. Außerdem hat er ein großartiges Buch schrieben »Die heilende Kraft des Lachens«. Ein Muss für alle, die sich für das Lachen als Therapie interessieren.

Hier antwortet er anlässlich eines Humorkongresses auf immer wieder gestellte Fragen.

Die heilende Kraft des Lachens

Beim Schwitzen transpirieren wir,
wenn wir weinen, kommen uns die
Tränen – was passiert beim Lachen?

Was beim Lachen passiert

Vieles! Die Nase legt sich in Falten, die Nasenlöcher weiten sich. Der Kopf wird zurückgeworfen, die Augen werden geschlossen. Der Zygomaticus-Muskel zieht den Mund nach oben und sorgt für einen glücklichen Ausdruck. Der Augenmuskel wird angespannt und aktiviert im Gehirn positive Gefühle. Der »Lachmuskel« spannt 15 Gesichtsmuskeln an, darunter die des Tränensacks, sodass wir »unter Tränen lachen können«. Der Mund weitet sich, weil die Ein- und Ausatmung (stoßweise) vervielfacht wird. Dabei werden die Stimmbänder in Schwingung versetzt, sodass es die typischen stakkatoartigen

Lachlaute gibt. Der Brustkorb wird
gezerrt (manchmal schmerzhaft).
Der Körper schaukelt hin und her.
Das Zwerchfell »hüpft« und massiert
die Eingeweide.

Ist das so etwas wie ein seelischer
Jauchzer?

Unbedingt. Lachen ist Ausdruck
von Befreiung und Spannungslösung. Im Lachen steigen wir aus
jeglicher Selbstkontrolle aus. Wir
überlassen uns ganz der »Weisheit
des Körpers« – so wie das auch ein
neugeborenes Kind tut. Damit kann
die ursprünglichste und reinste Lebensfreude fließen.

Im
Lachen
steigen
wir aus
jeglicher
Selbst-
kontrolle
aus

Welcher Reiz ist dafür
verantwortlich?

Diese Frage hat schon Erich Kästner aufgeworfen: »Worüber lacht
der Mensch? Er lacht, wenn man
ihn kitzelt. Oder er lacht, wenn er
andere lachen hört. Aber worüber
lacht der Mensch, wenn sein Herz
und sein Verstand bei der Sache

sind? Das ist rasch gesagt: Er lacht
meist über Kontraste. »Kontraste«
ergeben sich immer dann, wenn der
gewohnte Lauf der Dinge – das, was
wir als »normal« auffassen – plötzlich abbricht, wenn etwas Unerwar-
tetes auftritt. Das kann schon der
Fall sein, wenn ein Opernsänger
einen Schluckauf kriegt oder eine
Autoritätsperson auf der berühmten
Bananenschale ausrutscht. Dies er-
scheint allemal lustig, doch ob dabei wirklich herzhaft gelacht werden kann bzw. darf, das hängt auch
von der Kontrolle unseres Gewis-
sens ab. Von harmlosen Kontrasten
leben übrigens absurde Witze, pa-
radoxe Wortspiele und geistreiche
Scherze. Ein Beispiel bringt uns
Woody Allen: »Der Nihilismus be-
hauptet, dass es kein Leben nach

Der Mensch lacht über Kontraste

dem Tode gibt. Ein deprimierender Gedanke, besonders für einen, der sich nicht rasiert hat!«

Was bewirkt das Lachen im Körper?

Stress-
hormone
werden
abgebaut

Die Atmung wird stark angeregt, sodass es zu einem beschleunigten Austausch von verbrauchter und sauerstoffangereicherter Luft kommt. Dadurch werden u.a. die Verbrennungsvorgänge im Körper gefördert. Der Herzschlag wird zunächst beschleunigt, um sich bald deutlich zu verlangsamen, sodass der Blutdruck gesenkt wird. Die Skelettmuskulatur entspannt sich. Insgesamt kommt es zu einer besseren Durchblutung der Muskulatur. Stresshormone werden abgebaut und die Verdauungsdrüsen angeregt. Die »körpereigene Polizei« wird

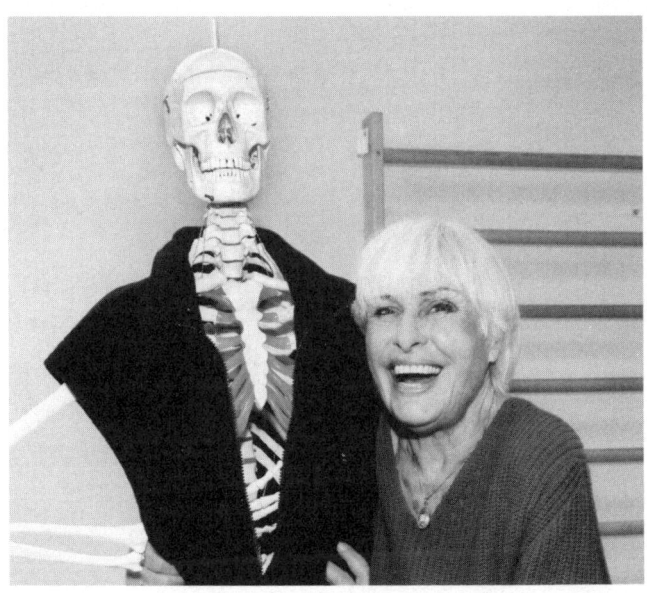

alarmiert. So können Blutinhaltsstoffe deutlich vermehrt werden,
die die Immunabwehr sicherstel-
len. Schließlich kommt es zu einer
Ausschüttung von schmerzlindern-
den »Glückshormonen«, den En-

dorphinen, die sich sonst nur selten (z.B. nach langem Joggen) im
Blut nachweisen lassen.

*Stimmt es, dass Lachen die
Immunabwehr stärkt?*

Lachen
vermehrt
die na-
türlichen
Killerzellen

Aufgrund erster kontrollierter Un-
tersuchungen amerikanischer
Gelotologen kann angenom-
men werden, dass Lachen eben-
jene Blutinhaltsstoffe vermehren
hilft, die der Immunabwehr dienen.
Dazu gehören die T-Lymphozyten
und T-Helferzellen, die bei der Ab-
wehr von Krebs und kardiovasku-
lären Krankheiten von Bedeutung
sind. Lachen führt ferner zu einer
Vermehrung der natürlichen Killer-
zellen, die bei der Eliminierung von
geschädigten und entarteten Zellen
von Bedeutung sind. Außerdem be-

wirkt Lachen die Zunahme von Im-
munglobulinen, »Antikörpern«, die
den Keimbefall im Bereich der At-
mungsorgane hemmen. Auch das
viel zitierte Gamma-Interferon ist
im Blut von Menschen, die zuvor
ausgiebig gelacht haben, vermehrt
nachweisbar.

Verbessert Lachen die Laune oder lache ich, weil ich gute Laune habe?

Wer ausgiebig lacht, setzt einen positiven Kreislauf in Gang

Beides ist richtig: Lachen erzeugt gute Laune und aus einer guten Laune heraus kann ich dann wieder herzlicher und intensiver lachen, sodass noch mehr gute Laune entsteht. Wer sich bewusst entscheidet, ausgiebig zu lachen, setzt also einen positiven Kreislauf in Gang. Echtes (herzhaftes) Lachen stellt sich spontan allerdings nur dann ein, wenn man sich von all dem innerlich distanzieren kann, was die natürliche Lebensfreude trübt. Diese ist jedem Menschen wesensmäßig mitgegeben; sie ist Bestandteil unseres inneren Kindseins. Wo sie verschüttet ist, hat der »Ernst des Lebens« – als Ausdruck perfektionistischen Erwachsenenlebens – zu sehr die Oberhand gewonnen. Dies zeigt sich in einem entmutigenden Hang, sich zu viele Gedanken zu machen über die Konsequenzen eigenen Tuns im gesellschaftlichen Zusammenhang. Man wird so zunehmend gehemmter, lustloser und ernster. »Das Lachen vergeht.« Wem es gelingt, sich von dieser perfektionistischen Selbstkontrolle zu befreien, der kommt an seine ursprüngliche Lebensfreude, die sich immer im Lachen äußert, wieder heran.

Die Lebensfreude wieder entdecken

Soll man bewusst lachen?

Unbedingt! Leider sperren sich manche Menschen gegen die vielen Anlässe, die sie zum Lachen bringen können. Wir sollten es umgekehrt machen: systematisch nach

komischen Auslösereizen suchen,
die den Lachreflex in Gang setzen.
Es steht in unserer Macht, dem
Alltag viele lustige Seiten abzuge-
winnen, Lachen in den Alltag integrieren, mit unseren Mitmenschen
Scherze und Witze auszutauschen
und uns in unserer Freizeit bewusst
auf humorige Situationen einzulas-
sen; z. B. uns lustige Filme und Komödien anzusehen. Dabei sollten
wir uns bewusst um ein lautes und
intensives Gelächter bemühen.

Wie geht das?

Eine Möglichkeit, um in ein langes
und herzhaftes Lachen zu kommen, ist die von Dr. Madan Kataria
aus Bombay entwickelte Methode. Sie basiert auf Elementen des
Yoga und ist strikt »nonverbal«. In

Indien treffen sich inzwischen täglich Zehntausende von Menschen auf öffentlichen Plätzen, um sich in diesem speziellen Lachen zu üben, zu erheitern und gesundheitlich zu stärken. Auch in Deutschland haben sich derartige »Lachclubs« bereits etabliert. Man kann aber auch

Tonbänder abhören, auf denen das vielstimmige Gelächter von Menschen aufgenommen ist, die sich mehr als eine halbe Stunde einem derartigen »Reflexlachen« hingeben. Indem man sich einfach »einklinkt« (was nach wenigen Minuten immer gelingt), ist man ein Teil dieser Lachgruppe, egal, ob man daheim im Sessel sitzt oder sich in einem Stau auf der Autobahn befindet.

Ist es besser, leise, laut oder gar prustend zu lachen?

Am besten ist es, auf jegliche gedankliche Kontrolle zu verzichten und sich »ganz gehen zu lassen«. Dadurch ergibt sich jenes »Lachen aus dem Bauch heraus«, das niemals leise oder verhalten ist, sondern – ganz im Gegenteil – einer

emotionalen Explosion gleich-
kommt.

Wenn einem die Tränen kommen,
wird es dann zu viel?

Lachtränen fließen, weil der Lachmuskel auch die Muskulatur ein-
bezieht, die den Tränensack um-
schließt. Alles, was dann geschieht,
ist reine Befreiung: Wir vergießen
nur die Tränen, die wir zuvor zu-
rückgehalten haben.

Wir ver-
gießen
bisher
zurück-
gehaltene
Tränen

(Informationen zu Dr. Titze s. Anhang)

Zwei Frauen unter sich.

»Stell dir vor, ich habe eine Neurose bekommen!«

»Na freu dich doch! Mein Mann schenkt mir schon seit zwanzig Jahren keine Blumen mehr!«

Die Frau schenkt ihrem Mann zu
Weihnachten zwei Krawatten. Der bindet
sofort eine davon um.

Meint die Gattin spitz: »So, die andere
gefällt dir wohl nicht!«

Lachen und weinen – zwei Seiten ein und derselben Medaille

Haben Sie schon einmal Tränen gelacht?

Dann wissen Sie, wie nahe Lachen und Weinen beieinander liegen, tatsächlich zwei Seiten ein und derselben Medaille sind. Wie leicht Lachen und Weinen ineinander übergehen können, habe ich soeben wieder einmal erfahren. Die Kehrseite des Lachens hat mich voll erwischt. Freude und Schmerz liegen oft nah beieinander.

An diesem prächtigen Sommer-

Freude und Schmerz liegen oft nah beieinander

tag sitze ich im Garten, beschäftige mich mit dem Phänomen des Lachens und dennoch stürzen mir plötzlich die Tränen wie glühende Lava aus den Augen. Ich lasse sie fließen. Nicht »nun wein doch nicht so« ist angesagt, sondern »nun weine mal ordentlich«. Endlich.

Die Zweige des Kirschbaums über mir biegen sich unter der Fülle der sich zart rosa färbenden Früchte. Die Amseln jubilieren ohrenbetäubend. Rosen und Jasmin duften um die Wette. Die Katerchen streichen liebevoll um meine Beine, die Hunde räkeln sich wohlig in der Nachmittagssonne, ein Bilderbuchhimmel.

Es gibt so vieles, über das wir uns freuen können

Ich bin gesund, habe ein trockenes Bett und genug zu essen – alles ist gut so, wie es ist, werden die Erleuchteten nicht müde zu betonen. Es gibt so vieles, über das wir uns freuen können.

Vor dem Lachen kommt das Weinen

Offensichtlich bin ich noch einige Zentimeter entfernt von der Erleuchtung, sonst würde ich nicht so weinen. Einige schlimme Nachrichten sind mir »an die Nieren gegangen«.

Ich weine um den kleinen Hasen, der unbemerkt in seinem zugigen Käfig krank geworden und gestorben ist, um den aus dem geparkten Auto gestohlenen, im Wald zu Tode gefolterten Hund und die Kinder, die ihn liebten und jetzt trauern, um die Täter, die den Hund erschlagen haben, um den jungen Familienvater, der die Familie ins neue Auto zu einer Spazierfahrt einlud – die drei Töchterchen tot, die Frau

schwer, er leicht verletzt im Krankenhaus.

Ich weine um die jungen israe-
lischen Soldaten, die ins Gefäng-
nis gesperrt werden, wenn sie sich
weigern, Palästinenser zu unterdrü-
cken, alle diese Nachrichten pras-
selten innerhalb einer Stunde auf
mich ein, nur weil mir beim Einkaufen die Schlagzeilen der heutigen
Tageszeitung ins Auge gesprungen
waren.

Ich weine und weine, um unser
aller Einsamkeit, um den Mangel
an Achtsamkeit füreinander und
für diese Welt, um all die verta-
nen, nicht genutzten Chancen zum
Glücklichsein, zum Glücklichma-
chen.

Ursprünglich ausgelöst durch einige traurige, zu Herzen gehende

Weinen
über nicht
genutzte
Chancen
zum Glück-
lichsein

Nachrichten, hat mich plötzlich der große Weltschmerz gepackt.

Eine Bekannte sagte mir, sie ertrage dieses Leben nur dadurch, dass sie hart geworden sei.

Dazu fällt mir ein Spruch ein: »Gott sprach zu den Steinen: ›Werdet menschlich!‹ Die Steine antworteten: ›Wir sind nicht hart genug!‹«

Die eigene Verletzlichkeit zulassen

Es muss doch möglich sein, dieses Leben zu ertragen, ohne zu versteinern. Ich habe mich dagegen entschieden, hart zu werden und zu versteinern. Ich lasse meine Verletzlichkeit zu, auch um den Preis von Schmerzen. Ich werde das liebevolle Kind in mir nicht umbringen.

Erlauben Sie sich Gefühle. Leben Sie ein pralles Leben, auch um den Preis von Schmerzen.

Lache Bajazzo – weine Bajazzo!

Der Delinquent auf dem Gang zur
Hinrichtung:

»Na, diese Woche fängt ja gut an!«

»Du kochst wirklich miserabel«,
sagt der Ehemann zur Ehefrau,
»immer wenn es Essen gibt, schleicht
sich unser Hund heimlich in den Garten
aus lauter Angst, ich könnte ihm etwas
abgeben!«

Anleitung zum Lachen – vom Zen-Mönch Bodhidharma und dem Mystiker Osho

Im Zen-Buddhismus haben lachende Mönche eine lange Tradition. Von dem berühmten Zen-Meister Bodhidharma wird berichtet, er habe, als er erleuchtet wurde, angefangen, unbändig zu lachen – und bis zu seinem Tod nicht mehr damit aufgehört. Das Lachen als Zeichen der Erleuchtung.

  Nach dem Grund dieses Gelächters gefragt, soll er geantwortet ha-

ben: »Ich lache, weil sich all das, wonach ich ein Leben lang gesucht habe, in mir selbst befindet. Ich war solch ein Idiot, dass ich immer außerhalb gesucht habe, was schon in mir selbst ist, immer war. Es gab kein anderes Ziel, als mich selbst zu finden. Und wenn ich andere sehe, die genauso suchen, muss ich einfach lachen, über den ganzen Schwachsinn dieser ganzen Sucherei, dieser Sucherei nach Spiritualität. Ihr könnt sie nicht suchen, und ihr könnt sie nicht finden – ihr seid Spiritualität.«

Auch Osho, der sich häufig auf den Zen-Buddhismus bezieht, schlägt vor, dass wir das grundlose Lachen üben, weil es tiefer geht. Manch einer hat damit, wie gesagt, anfangs

Das grundlose Lachen üben

Schwierigkeiten, weil wir gewohnt
sind, nur über bestimmte Situationen oder Witze zu lachen.

In dem Buch »The Great Nothing«
gibt Osho uns Schützenhilfe, wie
wir es anstellen können, grundlos
zu lachen.

»Wenn du lachst, lache durch deinen ganzen Körper hindurch – das ist der Punkt, den es zu verstehen gilt. Du kannst mit den Lippen lachen, du kannst mit der Kehle lachen, das wird nicht sehr tief gehen.

Also setz dich auf den Boden, mitten im Raum und fühle dich, als ob das Lachen von deiner Fußsohle kommt.

Zuerst schließe deine Augen und fühle dann, wie Wellen des Lachens aus deinen Füßen kommen. Mm? Sie sind sehr subtil. Dann kommen sie zum Bauch und werden mehr und mehr sichtbar, der Bauch beginnt zu beben und zu zittern.

Wellen des Lachens kommen aus den Füßen

Bringe es dann zum Herzen, dann fühlt sich das Herz so erfüllt. Dann bringe es zur Kehle und dann zu den Lippen. Du kannst nur mit den

Lippen und mit der Kehle lachen,
du kannst Geräusche machen, die
sich wie Lachen anhören, aber da
wird nichts sein und es wird nicht
viel helfen. Es wird wieder nur ein
mechanischer Akt sein.

Sich to-
tal in das
Lachen
hinein-
begeben
Wenn du anfängst zu lachen, stell
dir vor, wie du als kleines Kind
warst. Wenn kleine Kinder lachen,
dann fangen sie an, sich auf dem
Boden zu rollen. Wenn du dich danach fühlst, fang an zu rollen. Um
was es hier geht, ist, sich total (in
das Lachen) hineinzubegeben. Und
wenn das anfängt, wirst du es wissen.

Für zwei oder drei Tage mag es
sein, dass du nicht fühlst, ob es
passiert oder nicht, aber es wird
passieren. Aber bringe es aus den
tiefsten Wurzeln – so wie eine Blü-

te zum Baum kommt: Sie reist aus den tiefsten Wurzeln an. Nach und nach kommt sie nach oben. Du kannst sie nirgendwo sonst sehen. Erst wenn sie oben ankommt und oben aufblüht, kannst du sie sehen. Aber sie kommt von den Wurzeln, aus dem tiefsten Untergrund. Sie ist lange aus der Tiefe gereist.

Genau so. Das Lachen sollte bei den Füßen beginnen und sich dann aufwärts bewegen. Erlaube dem ganzen Körper, davon geschüttelt zu werden. Fühle die vibrierende Schwingung und kooperiere mit dieser Schwingung. Bleibe nicht steif – entspanne dich. Sogar wenn du am Anfang etwas übertreibst, wird das hilfreich sein. Wenn du fühlst, dass sich die Hand schüttelt, hilf ihr, sich noch mehr zu

Die Schwingungen des Lachens fühlen

schütteln, sodass die Energie beginnt, sich in Wellen auszubreiten,
zu strömen. Dann fang an, zu rollen und zu lachen.

*Zehn
Minuten
lachen am
Abend*

Dies ist für die Nacht, bevor du
schlafen gehst. Nur zehn Minuten
werden reichen und dann schlaf ein.
Und wieder am Morgen, das Erste –
du kannst es im Bett machen. Also
das Letzte am Abend und das Erste
am Morgen. Das Abend-Gelächter
wird eine Weiche stellen in deinen
Schlaf. Deine Träume werden fröh-
licher werden, ausgelassener, und
sie werden deinem Morgen-Gelächter helfen; sie werden den Hinter-
grund schaffen. Das Morgen-Gelächter wird die Weichen für den
ganzen Tag stellen. Was immer du
am Morgen tust – das Erste, was

auch immer es ist, es stellt die Weichen für den ganzen Tag.

Den ganzen Tag, wann immer
sich eine Gelegenheit ergibt – ver-
passe sie nicht, lache.

Mach das zehn Tage lang, und
dann schau, wie die Dinge laufen.«

*(Osho: »Lachen als Meditation«, aus:
»The Great Nothing«, Kapitel 3, Deutsch
von Shantena, Juni 2001. Mit freundli-
cher Genehmigung von Osho International
www.osho.com)*

Lachen,
wann im-
mer sich
die Gele-
genheit
bietet

Nach der erneuten Niederlage macht
der Trainer mit seiner Mannschaft einen
Rundgang durch das Stadion:

»So, Jungs«, sagt er »wo die Fotografen
sind, wisst ihr ja. Den Standort der
Fernsehkameras kennt ihr auch –
und nun zeige ich euch noch, wo die
Tore stehen!«

Ein Mann fragt einen anderen:
»Entschuldigung, ist das da oben der
Mond?«

Darauf der andere:
»Keine Ahnung, ich bin nicht von hier.«

Was tun, wenn einem das Lachen vergangen ist?

Nach meinen Vorträgen, ob zu den Themen gesunde Ernährung, Verbraucher- oder Tierschutz, frage ich das Publikum gern: »Wollen wir zum Abschluss eine Lachmeditation versuchen?« Ein vielstimmiges begeistertes »Ja« ist jedes Mal die Antwort und gewaltiges Gelächter garantiert, wenn ich folgende wahre Geschichte zum Besten gebe, die mir der Schauspieler Gustav Knuth von seinen lieben Kinderchen erzählt hat:

Ein Witz bringt immer Entspannung

Liebling der Familie Knuth war eine
Katze namens Kathi. Eines Tages
wurde Kathi überfahren. Gustav
Knuth war gerade nicht zu Hause,
als seine Frau vorsichtig versuchte,
den Kindern die schreckliche Nach-
richt mitzuteilen: »Kathi ist überfahren worden, Kathi ist tot!«

Frau Knuth wunderte sich: Die Kinder reagierten überhaupt nicht, spielten ohne die geringste Gemütsbewegung seelenruhig weiter!

Beim Mittagessen dann fragte eines der Kinder: »Wo ist denn Kathi?«

»Ich habe es euch doch gesagt«, antwortete Frau Knuth, »Kathi ist überfahren worden! Sie ist tot!«

Darauf brachen alle Kinder in großes Geheul aus: »Ach, wir haben gedacht, Vati ist überfahren worden, Vati ist tot!«

Humor ist, wenn man trotzdem lacht! Auch und besonders über sich selbst.

Humor ist, wenn man trotzdem lacht

Eine Einstiegshilfe zum Lachen können die Laute Hihihihohoho sein, so lange wiederholt, bis sie automatisch in ein echtes Lachen wie das herzliche Hahahahahaha-Lachen übergehen, vielleicht sogar gesteigert durch das Löwenlachen, bei dem Sie einfach die Zunge herausstrecken, als ob Sie fauchen wie ein wilder Löwe.

Seien Sie albern

Seien Sie albern! Je meschuggener und ausgeflippter es klingt, desto besser.

Neigen Sie zum Perfektionismus, schauen Sie lieber nicht, wie die anderen lachen, sonst bekommen Sie womöglich neue Komplexe.

Dann empfiehlt es sich, einfach die Augen zu schließen.

Hihihi und Hahaha, mit diesen wahrhaft internationalen Urlauten lacht die ganze Welt rund um den Globus. Also sollte es doch auch nördlich und südlich des Weißwurstäquators funktionieren!

Manchmal hilft auch ein Witz.
Wie wäre es mit diesem:

Im Restaurant. Ein Gast bestellt Fisch. Ein zweiter Gast zum Ober: »Für mich bitte auch Fisch, aber frisch!« Ruft der Ober in die Küche: »Zweimal Fisch, der eine will ihn frisch!«

Diese Begebenheit soll sogar wahr sein: Zwei betagte Schauspielerinnen sitzen im Café. Die eine sieht schlecht, die andere hört schlecht. Sagt die erste zur zweiten: »Wenn du mir sagst, wer reinkommt, sag ich dir, was sie reden!«

Oder noch ein wie ich finde sehr typischer Schauspielerwitz: Der Schauspieler: »Entschuldigen Sie, ich rede die ganze Zeit von mir. Reden wir mal von Ihnen. Wie fanden Sie mich in meiner letzten Rolle?«

»Wie geht's?«, fragt der Blinde den
Lahmen.

»Wie Sie sehen!«, antwortet der Lahme
dem Blinden.

Mystic Rose –
die Drei-Wochen-
Meditation

Die Mystic Rose (»Mystische Rose«) ist eine der schönsten Therapien, die Osho, den ich für einen der größten Therapeuten des letzten Jahrhunderts halte, geschaffen hat. Sie dauert drei Wochen und besteht aus ebenso vielen Teilen.

Die Mystic Rose besteht aus drei Teilen

In der ersten Woche wird jeden Tag drei Stunden gelacht, in der zweiten Woche täglich drei Stunden geweint, in der dritten Woche bin ich »watcher on the hill«, der reine Beobachter. Ich beobach-

te nur, mit einer gewissen Distanz, was sich in mir und um mich herum so abspielt, ohne irgendetwas in irgendeiner Form zu beurteilen, ohne mich mit dem, was in mir hochkommt, näher zu beschäftigen. Ich nehme wahr – und lasse los. Der Name Mystic Rose geht auf eine Episode um Buddha zurück. Buddha soll, kurz bevor er seinen Körper verließ, in der Runde seiner Jünger gesessen haben, schweigend, eine rote Rose in der Hand. Die Jünger werden bereits nervös: Was ist los, warum sagt der Meister nichts?

Einer hockt wie gewöhnlich abseits unter einem Baum, er redet nie. Plötzlich aber fängt dieser an zu lachen. Alle sind entsetzt. Buddha jedoch überreicht dem Lachenden

Der
Buddha
und die
lachenden
Mönche

die rote Rose mit der Aufforderung:
»Geh hinaus in die Welt und lache,
verbreite meine Lehre!«

Seither ziehen in allen asiatischen
Ländern lachende Mönche durch
die Welt, die grundlos lachen und
damit die Menschen erheitern.

Liebevoll
begleitet
in einer
Gruppe

Ich habe die Mystic Rose zwei Mal
mitgemacht, zuerst als Teilneh-
merin, dann als zukünftige Traine-
rin, bin also autorisiert, diese wun-
dervolle Meditation jetzt »unter die
Leute zu bringen«. Osho geht davon aus, dass wir im Laufe unseres
Lebens so viel Lachen unterdrückt
haben und so viele Tränen, dass
wir von einem regelrechten Panzer
von Verhärtungen umgeben sind.
Diesen Panzer gilt es aufzubrechen.
Dabei werden oft so starke Emoti-

onen freigesetzt, dass es sich empfiehlt, diese Meditation nicht allein,
sondern in einer Gruppe unter pro-
fessioneller Anleitung zu machen,
in einer geschützten Runde liebevoll begleitet (Adressen im Anhang).

Ich kann mich natürlich auch zu
Hause auf die Matte setzen, versuchen zu lachen, und dann sehen,
was passiert. Die Erfahrung zeigt
aber, wie schwierig es ist, täglich
drei Stunden allein zu lachen, ge-
schweige denn zu weinen.

Emotionen werden freigesetzt

Die Woche des Lachens

In meinem indischen Tagebuch
habe ich über die Woche des Lachens notiert:

In den beiden ersten Tagen konnte ich überhaupt nicht lachen. Wurde am zweiten Tag sogar so wütend, dass ich aufhören wollte. Ich war zu sehr im Kopf. Der Verstand fuhrwerkte dazwischen: »Was soll dieser Blödsinn!« Denjenigen, die auch Probleme mit dem Lachen haben, helfen Oshos Ratschläge: »Sei verrückt, so verrückt wie möglich. Lache ohne Grund, experimentiere mit dem Lachen, brabble wirres Zeug, finde dein inneres Kind, kreiere Lachenergie. Welche Emotionen auch immer kommen, transformiere sie in Lachen.«

Hilfreiche Ratschläge von Osho

Am dritten Tag konnte ich dann so lachen, wie ich es nie für möglich gehalten hätte: Ich brüllte vor Lachen, musste nach Luft schnappen, musste mir den Bauch halten und war nur noch Lachen.

Wer lacht, hört auf zu denken. Der Verstand kommt zur Ruhe. Endlich.

Die Woche des Weinens

Auf die Woche des Lachens folgt die Woche der Tränen. Wir versuchen in dieser Zeit, tief in unseren Schmerz hineinzugehen, so tief wie möglich, und ihn in Tränen zu transformieren.

Die Fenster waren dunkel verhängt, Trauermusik. Das »Adagio« von Albinoni, das »Ave Maria« von Bach – kaum saß ich auf meiner Matte, stürzten mir schon die Tränen aus den Augen, waren um

Den Schmerz transformieren

mich herum die ersten Schluchzer
zu hören. Neben jeder Matte eine
Schachtel mit Kleenex zum Trä-
nentrocknen und eine Plastiktüte,
um die nass geweinten Taschentü-
cher hineinzustopfen. Mit der Musik
schwoll unser Geheul zum infernali-
schen Crescendo an – im Fegefeuer
kann es kaum wüster zugehen.

Manchmal lagen wir nur noch da wie Kinder, die sich in den Schlaf geweint haben – 49 Menschlein aus 19 Nationen, Russen, Koreaner, Japaner, Chinesen, Europäer, Amerikaner, eine Wahnsinnsmischung.

Die drei Stunden waren für mich fast zu wenig. Ich weinte und weinte, um meinen Vater, der irgendwo in einem Massengrab verscharrt liegt, um meine Mutter, der ich bei ihrem Sterben an Krebs nicht beistehen konnte, um die Kinder, die ich mir gewünscht, aber nicht bekommen habe, um den kleinen toten Bruder, den ich, vier Wochen alt, in seinem winzigen Sarg liegen sah – ich brüllte über all die Verletzungen, die ich meinen Geliebten zugefügt habe und sie mir, ich schluchzte, weil ich nie einen tan-

Über alle Verletzungen weinen

trischen Liebhaber hatte, und haute
auf mein Kissen, weil ich es plötzlich doch traurig fand, alt zu werden …

Am vierten Tag war ich leer geweint. Dachte ich! Minutenlang
stand ich, still mein Kissen in den
Armen wiegend, tränenlos – als
mich eine zierliche Koreanerin, die
ich besonders ins Herz geschlossen hatte, umarmte. Nun heulten
wir beide los, aneinandergeklam-
mert, ihre Tränen liefen mir den
Hals hinunter, meine Tränen über
ihr Gesicht. Nachdem meine privaten Kümmernisse offenbar ab-
gehakt waren, brach der große
kollektive Schmerz aus – ich weinte um die Kinder, die durch Minen
ihre Gliedmaßen verlieren, um die
Großmutter, die während des Golf-

Nach den
privaten
Kümmer-
nissen
folgte der
kollektive
Schmerz

krieges ihre tote Enkelin durch den Schnee schleppte, um die Soldaten, die immer wieder in Kriege hineingepeitscht werden – go on digging, go on digging, grabe weiter, geh hinein in den Schmerz, immer tiefer, mach ihn bewusst und transformiere ihn in Tränen ...

Während der Meditation viel Wasser trinken

Hinweis: Wir sollen viel Wasser trinken, weil sich während des Prozesses eine Menge Gifte lösen, die weggespült werden müssen.

Die Woche der Achtsamkeit

Beobachter auf dem Hügel sein. Einfach sitzen und den »inneren Film« anschauen. Osho sagt, dass es drei Schlüssel zur Meditation

gibt: Entspannung, Achtsamkeit (oder Beobachter-Sein) und Akzeptanz, eine Haltung, die nicht urteilt.

Beobachten und loslassen

Gedanken, Gefühle, Körperbewegungen, Geräusche von draußen – alles nehme ich wahr und beobachte, absolut distanziert –, als ob ein Fluss vorbeifließt, alles Mögliche schwimmt vorbei, eine Blume, ein Stück Holz, ein totes Tier – ich nehme wahr, beobachte – und lasse los. Nichts tun. Nur sitzen und loslassen.

»Und wozu das ganze Theater?«, wird mancher sich vielleicht fragen – was habe ich davon im Alltag?

Das wird für jeden etwas anderes sein. Was mich betrifft, so verdanke ich der Mystic Rose neben der Lösung und Bewältigung alter Traumata auch den Abschied von Verhaltensmustern, die mir Erziehung, Religion und Gesellschaft überstülpten und die mich hinderten, ich selbst zu sein.

Die überempfindliche, nervöse, ängstliche und scheue Erwachsene mit Berührungsängsten ist heute wieder so angstfrei, mutig, tapfer, unbestechlich, lebensfroh und lebenstüchtig und damit so glücklich, wie sie als Kind war.

Dafür lohnt es sich doch, drei Wochen zu »opfern«, oder?

Und noch etwas: Ich kann heute, was früher undenkbar gewesen wäre, einen wildfremden Menschen in den Arm nehmen, wenn dieser Mensch signalisiert, dass er es braucht und auch möchte, um

Lösung aller Traumata

mit ihm gemeinsam zu lachen oder
auch zu weinen, und sei es mitten
im feinsten Restaurant oder in der
U-Bahn.

Alle Menschen haben etwas zu
beweinen. Versuchen Sie Ihre ver-
drängten Verletzungen an die Ober-
fläche zurückzuholen und durch
Lachen, Weinen, Beobachten und
Loslassen zu heilen. Es müssen ja
nicht gleich drei Wochen lang täglich drei Stunden sein.

Ein Ehepaar kommt zum Scheidungs-
richter, er ist 96 Jahre alt, sie 90.

Der Richter erstaunt: »Und das fällt
Ihnen jetzt ein, dass Sie sich scheiden
lassen wollen?«

Darauf beide wie aus einem Munde:
»Nein, das wollen wir schon seit
50 Jahren, aber wir wollten warten,
bis die Kinder tot sind!«

Lachtipps für den Alltag

Es geht hier nicht um das positive Denken. Dass diese viel strapazierte Methode nicht immer angebracht ist, hat anlässlich einer Veranstaltung die Management-Trainerin Vera F. Birkenbihl mit einem Beispiel geschildert: Angenommen, ein Pilot will sein Flugzeug starten, in dem Moment leuchtet die rote Warnlampe auf. Dann nützt es nichts, wenn er sich einredet: »Ach was, einfach positiv denken« und losfliegt – sondern dann lässt er besser vorher den Schaden reparieren.

Lebensfreude in den Alltag integrieren

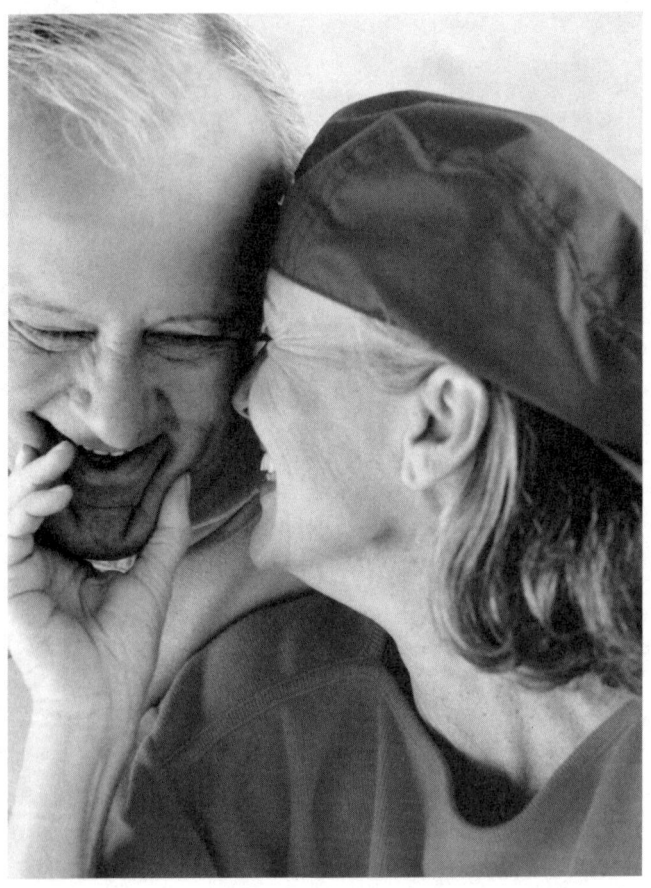

Hier die Tipps und Tricks, die mir im Alltag helfen, einigermaßen lachend (manchmal auch weinend) dieses schwierige Leben zu meistern.

Morgens im Bett geht's schon los. Habe ich gut geschlafen (was selten ist, weil ich mir ständig einen Haufen menschlicher und tierlicher Probleme aufhalse), bedanke ich mich dafür. Habe ich schlecht geschlafen, sage ich mir: Das versuche ich am Wochenende nachzuholen.

Für guten Schlaf danken

Packt mich die Panik, die vielfältigen Aufgaben des Tages nicht zu schaffen (kommt häufig vor), aber auch grundsätzlich, gehe ich folgendermaßen vor:

Räkel und strecke mich wie mein Katerchen in alle Himmelsrichtungen. Stelle mir vor, dass ich meinen Atem hinein in jede Finger-, Zehen- und Haarspitze schicke. Und dann fange ich schon vorsichtig an zu glucksen, was sich noch nicht wie ein Lachen anhört, sondern eher wie ein zartes Hähähähähä (bei offenem Mund) oder ähnlich dem Meckern einer Ziege (bei geschlossenem Mund). Darüber muss ich nun wirklich lachen. Ich kann noch so traurig oder sauer sein, der geschilderte Prozess setzt sich in Gang, die Mundwinkel gehen nach oben, Glückshormone werden ausgeschüttet.

Die Probleme, die mich ängstigen, sind doch eine wunderbare Aufgabe, die es zu bewältigen gilt! Also los, Menschenskind, pack sie an!

Ich werde diesen Tag schaffen, zur Freude für mich und für andere! Dieser Tag wird mein Tag, mein bester Tag!

Die Steine, die sich als Hindernis vor mir auftürmen, werde ich aus dem Weg schaffen und damit ein Haus bauen!

Es gelingt, wetten dass?
Carpe diem!

Dies ist mein bester Tag

Ein Mann kommt in eine Zoohandlung und verlangt zehn Ratten.

»Wozu brauchen Sie die denn?« wundert sich der Verkäufer.

»Ich habe meine Wohnung gekündigt und muss sie so verlassen, wie ich sie bezogen habe.«

Ein Mann bemerkt am Finger seines
Freundes, der längere Zeit abwesend
war und als Lebemann gilt, einen
Trauring.

»Was, du hast geheiratet?«, fragt er.

»Ja«, sagt der andere, »trauring, aber
wahr!«

Noch ein paar Tricks

☺ Schalten Sie den Verstand aus (falls er Sie am Lachen hindert). Seien Sie albern, riskieren Sie, lächerlich zu wirken. Es gibt nichts zu verlieren, nur zu gewinnen!

☺ Einen herzhaften Lachanfall löste bei mir vor ein paar Tagen ein eleganter Herr aus, der genau wie ich am Münchner Flughafen am Fließband auf seinen Koffer wartete, inmitten der üblichen Menge übel gelaunt aussehender, abgehetzter Menschen.

Ich hielt einen riesigen Blumen-

strauß im Arm. Er sah mich streng
an, hob die Hand und sagte: »Nein
danke!« Wie zu einer Blumenver-
käuferin, die in der Kneipe Rosen
zum Verkauf anbietet. Zuerst lach-
te nur ich, minutenlang, dann lach-
te auch er, dann die Gruppe um ihn
herum und schließlich mindestens
ein Dutzend anderer Wartender,

ohne dass diese wussten, warum sie lachten. Sie wurden einfach angesteckt.

Lachen steckt an

Vielleicht war diesen ursprünglich schlecht gelaunten Leuten durch die Lacherei der ganze Tag versüßt.

Man kann sich darin üben, die auch unangenehmen Situationen innewohnende Komik zu erkennen. Lachen Sie lieber herzhaft, anstatt sich zu ärgern.

Lieber herzhaft lachen, als sich ärgern

☺ Der Leiter des Lachchors »krumm & schief«, Thomas Draeger, erzählte mir, er habe mit einer Gruppe in der U-Bahn angefangen zu lachen, und schlussendlich habe der ganze Waggon gewiehert.

☺ An den Regisseur Fritz Kortner habe ich eine eigene lustige Lacherinnerung. Kortner wurde von seinen Schauspielern geliebt und gefürchtet, weil er sehr von Stimmungen abhängig war. Er erschien stets im Anzug und mit Krawatte zu den Proben. War der Anzug grau, war äußerste Vorsicht ange-

raten. Dann konnte er sehr ungnä-
dig sein.

Romy Schneider und ich haben
unter seiner Regie die »Lysistra-
ta« von Aristofanes für das Fernse-
hen gedreht, Sie wissen schon, das
Stück, in dem die Frauen sich den
Männern so lange verweigern, bis
diese aufhören, Kriege zu führen.
Romy war die Myrrhine, ich die Ly-
sistrata.

Wolfgang Kieling spielte meinen
Ehemann. Während der Proben
probierte er einen Gag aus, über
den der im Zuschauerraum sitzen-
de Regisseur Kortner laut lachen
musste. Der hocherfreute Kieling
ging selbstverständlich davon aus,
dass dieser gelungene Gag nun in
die Inszenierung eingebaut werden
würde. Mitnichten!

Lustige
Lach-
erinne-
rungen

»Aber, Herr Kortner, Sie haben
doch darüber gelacht!«, meinte er
enttäuscht.

Darauf Kortner in seinem unnach-
ahmlich näselnden Tonfall: »Jaaaa,
aber unter meinem Niveau!«

Lachen Sie – wenn Ihnen danach
zumute ist.

Ruhig auch unter Ihrem Niveau!

☺ Sie können sich den ganzen Tag lang ärgern. Verpflichtet sind Sie aber nicht dazu. Machen Sie doch das Gegenteil: Freuen Sie sich über alles, worüber Sie sich freuen können.

☺ Beobachten Sie, worüber Kinder lachen. Werden Sie erfinderisch! Seien Sie albern!

Beobach-
ten Sie,
worüber
Kinder
lachen

☺ Der amerikanische Arzt Patch Adams, der Clowndoktor, hatte festgestellt, dass seine Patienten schneller gesund wurden, wenn er sie häufig zum Lachen brachte. Vor allem die Kinder wurden besser mit ihrer Krankheit fertig, wenn Patch Adams im Clownskostüm mit Knollennase in ihrem Zimmer herumturnte.

Ein Kli-
nikclown
hilft beim
Gesund-
werden

Hunderte von Clowndoktoren besuchen seither als Heiler Kinderkliniken, Krankenhäuser und Altenheime. Es werden erstaunliche Heilerfolge berichtet.

Falls Sie selbst, Freunde oder Verwandte ins Krankenhaus müssen, fragen Sie am besten gleich nach einem Klinikclown. Das Gesundwerden geht viel schneller.

☺ Vielleicht haben Sie Lust bekommen, sich einem Lachclub anzuschließen. Oder Sie gründen selbst einen!

Übrigens: Kümmern Sie sich nicht darum, wie andere lachen. Finden Sie zu Ihrem eigenen Lachen. Manchmal hilft es, dabei die Augen zu schließen.

☺ Abends: Räkeln, atmen, glucksen, lächeln, lachen ...

Für den Tag danken, wie immer er war.

Steigerung: Sie danken Ihrem Luxuskörper und Ihrem Herzen, dass beide Ihnen heute wieder so gut gedient haben. Wenn es weniger gut lief: Räkeln, atmen, glucksen, ein bisschen weinen.

Und bei ganz großem Kummer weine ich mich in den Schlaf, wie das Kind, das ich einmal war.

Finden Sie zu Ihrem eigenen Lachen

Zwei Freunde unterhalten sich beim Bier:

»Wie ist denn dein gestriger Krach mit deiner Frau ausgegangen?«

»Ha, auf den Knien kam sie angekrochen!«

»Und, was hat sie gesagt?«

»Ewig kannst du nicht unter dem Tisch bleiben, du Feigling ...!«

Der zerstreute Professor trifft einen alten
Freund und fragt: »Und wie geht es der
Frau Gemahlin?«

Der andere antwortet »Meine Frau ist
doch schon seit Jahren tot!«

Darauf der Professor: »Soso! Und –
immer noch auf demselben Friedhof?«

Adressen, Organisationen und Literatur

Freud, Sigmund
»Der Witz und seine Beziehung zum Unbewussten«, Frankfurt 1992

Internet
Lach-Links in alle Welt
www.worldlaughtertour.com

Kataria, Dr. Madan
Informationen zu Dr. Madan Kataria bei:
Hans Höting, Heilpraktiker,

Twiedelftsweg 13, 28279 Bremen
Telefon: 0049-421-820395
Fax: 0049-421-820395
Homepage: www.top-hoeting.de
E-Mail: info@top-hoeting.de

Lassen, Arthur
»Heute ist mein bester Tag« –
Seminare und Buchbestellungen:
LET – Christine Lassen,
Fliederstraße 19,
D-63486 Bruchköbel
Telefon: 0049-6181-9775-0
Fax: 0049-6181-9775-77
Homepage: www.letverlag.de

Osho
Informationen zu Osho und seinen
Meditationen bei:
www.oshotimes.de,
www.oshoverlag.de

Osho Verlag GmbH,
Friesenplatz 25a,
50672 Köln
Telefon: 0049-221-2780420
Fax: 0049-221-2780466
E-Mail: redaktion@oshotimes.de

Rütting, Barbara
»Lachen wir uns gesund.
Anleitungen zum Glücklichsein.«
Mit Lach-CD. München 2001.

Titze, Dr. Michael
Titze, Michael: »Die Humor-Strate-
gie«, München 2004.
Titze, Michael: »Die heilende Kraft
des Lachens«, München, 4. Aufl.
2004.
Titze, Michael/Eschenröder,
Christof: »Therapeutischer Humor«, Frankfurt 2003.

Telefon: 0049-7461-2064
Fax: 0049-7461-1407166
E-Mail: Michael.Titze@t-online.de
Homepage: www.michael-titze.de

Register

Abend-Gelächter 66
Achtsamkeit 90ff.
Adams, Patch 111
Adrenalin 26
Akzeptanz 92
Allen, Woody 35
Alltag 42, 92, 97ff.
Angstlöser 23, 27
Antikörper 26, 39
Aristofanes 109
Atmung 36
– -verbesserung 23

Birkenbihl, Vera F. 97
Blutdrucksenkung 23, 36
Bodhidharma 59ff.
Buddha 81

Cholesterinspiegelsenkung 23

Clowndoktor 111
Cortison 26

Depressionen 24
– -löser 23, 27
Draeger, Thomas 107
Drei-Wochen-Meditation 79ff.
Durchblutungsförderung 23

Endorphine 26, 37
Entspannung 71, 92
Erleuchtung 59

Freude 49
Fry, William 21

Gamma-Interferon 39
Gehirn 26, 32

Gelotologie 21
Glückshormonaus-
    schüttung 23, 26,
    37, 100

Herz 23
Hormone 26
– Stress- 26
Humor 72

Immunabwehr 37 f.
Immunglobuline
    39
Immunsystemstär-
    kung 23
Indien 43

Kästner, Erich 34
Kataria, Madan 13,
    42
Kieling, Wolfgang
    109
Killerzellen 27, 38
Kindsein, inneres
    40
Knuth, Gustav 71 f.
Komik 107
Kontraste 35
Kortner, Fritz 107 ff.
Krebs 38
Kreislauf 23

Lachclubs 43,
    112
Lachen
– bewusstes 41 f.,
    61 f., 82
– Löwen- 74
– Reflex- 44
Lachtipps 97 ff.
Lachtränen 45
Lebensfreude 97
Loslassen 94
Löwenlachen 74

Meditation 90
Morgen-Gelächter
    66
Mystic rose 79 ff.

Neurotransmitter 26

Osho 59 ff., 79, 82,
    84, 90

Perfektionismus 74

Reflexlachen 44

Schlaf 66
Schmerz 49
– kollektiver 88
– -linderung 23

– -transformation
  85, 90
Schneider, Romy
  108 f.
Selbstheilungskräf-
  te 23
Selbstkontrolle 34,
  41
Skelettmuskula-
  tur 36
Spannungslösung 34
Stress
– -abbau 23, 36
– guter 24
– -hormone 26
– schlechter 24

Titze, Michael 31
T-Lymphozyten 38
Tonbänder 44
Tränen 82
Traumatalösung 93
T-Zellen 27, 38

Verdauungsanregung
  23, 36
Verhärtungen 82
Verletzlichkeit 54 f.,
  87
– verdrängte 94

Weinen 49 ff., 85 ff.
Witz 71, 75

Yoga 42

Zellen 26, 38
– Killer- 27, 38
– T- 27, 38
Zen-Buddhismus
  59, 61
Zwerchfell 33
Zygomaticus-Mus-
  kel 32

Die kleinen Wohlfühlbücher

16736

16747

16651

16655